나는 왜 남의 시선을
의식할까?

위로의 말

이 책을 들고 있는 걸 보니 자신의 성격이 의기소침하거나 소극적이라고 생각하는구나? 버스를 타면 왠지 안락해 보이는 구석 자리로 저절로 눈이 가지. 식당이나 패스트푸드점에 갔을 때 벽이 없는 자리는 피하고 말이야. 사람이 많은 곳에 가면 어색하고 민망해서 몸을 숙이게 되고, 누군가 빤히 지켜보는 게 아닌데도 앉은 자리 주위로 칸막이가 있으면 좋겠다 싶고. 그렇지?

왜 그런 줄 알아? 남의 시선을 의식하는 게 아주 당연한 일이기 때문이야. 그런데 당연한 일에도 그럴 만한 이유가 있어. 그러니까 스스로를 못났다거나 부족하다고 생각하지 않길 바라.

'남'이 없다면 남의 시선을 의식할 필요가 없겠지. 하지만 "인간은 사회적 동물"이라는 말처럼 혼자서는 절대 행복해질 수 없기 때문에 누군가와 함께하고 싶어 해. 서로 아웅다웅 다투고 시기하면서도 혼자 밥을 먹으면 음식은 씹는데 맛을 잘 못 느껴. 황홀한 풍경 앞에서는 "참 아름답다, 너도 그렇게 느끼지?" 하고 누군가에게 되묻고 싶어지지.

또 같은 이유로 남의 시선을 의식할 수밖에 없어. 물론 길을 가다 넘어지거나 한눈팔다가 나무에 부딪혀서 남의 눈을 의식할 때는 창피하다는 분명한 이유가 있어. 하지만 그런 상황이 아닌데도 두리번거리거나 다른 사람의 눈치를 살피게 되지. 이유를 잘 모르니까, 그런 나 자신이 마음에 안 들고 말이야.

'나는 너무 내성적이야', '나는 왜 이리 용기가 없지?', '나도 ○○처럼 당당해지고 싶어.'라고 생각해 본 적이 있을 거야. 몇 번이고 아무렇지 않으려 마음을 다잡아도 '역시 난 안 되겠어.' 하며 움츠러들곤 했겠지.

이제부터 나도 모르게 남의 시선을 의식하게 되는 그 이유에 대해 말해 줄게. 이미 한 가지 이유는 말해 주었어. 그건 아주 당연한 거라고. 넘어졌을 때 창피해서 다른 사람들의 시선을 의식하는 것처럼 아주 당연한 거야. 다만 당연한 사실들에 대해 잘 몰랐던 거지. 곧 알게 될 테니 마음 편히 가져. 따로 해결책을 제시하거나 잔소리 같은 충고도 하지 않을게.

이 책을 읽는 동안 고개를 끄덕이고 있다면 각자에게 맞는 답을 찾아가고 있다는 뜻이니까 어느새 별것 아닌 게 될 거야. 이 책의 마지막 책장을 덮기도 전에 조금은 홀가분해질 테니.

지은이 이영란

나는 왜 남의 시선을 의식할까?

1판 1쇄 | 2021년 10월 5일

글 | 이영란

펴낸이 | 박현진
펴낸곳 | (주)풀과바람
주소 | 경기도 파주시 회동길 329(서패동, 파주출판도시)
전화 | 031) 955-9655~6
팩스 | 031) 955-9657
출판등록 | 2000년 4월 24일 제20-328호
블로그 | blog.naver.com/grassandwind
이메일 | grassandwind@hanmail.net

편집 | 이영란
디자인 | 박기준
마케팅 | 이승민

값 12,000원
ISBN 978-89-8389-923-1 43180

※ 잘못 만들어진 책은 구입처에서 바꾸어 드립니다.

나는 왜 남의 시선을 의식할까?

이영란 · 글

풀과바람

차례

제2장 당연한 사실 둘, 역시나 인간이라서

참고 문헌

제1장
당연한 사실 하나, 인간이라서

인간은 본능적으로 탐색의 DNA가 수시로 발동해. 인류가 지구에 나타난 이래, 생존을 위한 본능에 따라 주변 환경의 위험을 감지하는 레이더가 발달해 왔기 때문이야. 쥐나 고양이처럼 제2의 감각 기관 역할을 하는 예민한 수염도 없고, 박쥐처럼 초음파를 느끼지도 못하지만 나름대로 방법을 개발해 왔어.

잘 생각해 봐. 우리가 아기였을 때 누가 가르쳐 주지 않았는데도 손에 쥔 것이라면 무조건 입으로 가져가 탐색했어. 처음으로 엄마 젖이 아닌 평범한 음식을 맛보았을 때 갓난아기들은 먹는 즐거움이 뭔지 아는 것처럼 굴어. 간이 전혀 되어 있지 않은 음식조차도 소리를 지르며 더 달라고 팔다리를 버둥거리지. 그 이후로 손에 닿는 것이면 먹을 수 있든 없든 입으로 가져가.

처음에는 손과 입, 귀, 코 등 신체의 오감을 활용해서 탐색해 나가다가 좀 컸다 싶으면 다른 사람의 생각을 탐색하게 돼. 다른 사람과 잘 지내고 싶기 때문이야.

'뭔가 재미있는 놀이를 했는데, 엄마 표정을 보니 그건 놀이가 아니었나 봐. 엄마가 화를 내면 어쩌지?', '엄마는 내가 웃는

것을 좋아하니까 씩 웃어 볼까?'

이런 식으로 하나둘 자신만의 방법을 찾아가다가 점점 큰 세상과 마주하며 이런 생각들을 하게 되지. 요즘 너희가 걱정하는 것들 말이야.

'다른 사람의 기분을 상하게 하면 어쩌지?'

'이렇게 하면 다른 사람들이 좋아할까?'

'왜 나는 남의 시선을 의식할까?'

'내가 뭐 잘못했나? 이 찜찜한 기분은 뭐지?'

이런 생각은 누구나 해. 너희만 하는 게 아니야. 엄마와 아빠, 선생님, 이웃집 할머니, 자주 가는 분식집 주인, 허구한 날 집 앞에 택배 상자를 두고 가는 택배 기사, 심지어 길거리의 모르는 사람들까지 다 이런 생각을 하지.

이렇듯 타인에 대한 탐색은 평생 하는 거야. 인간이라면 다 누구나 하는 거라고.

그런데 왜 아무도 티를 내지 않느냐고? 당연히 그럴 필요가 없으니까 그렇지. 이미 이런 고민을 밥 먹은 그릇 수만큼이나 했을걸.

잘 생각해 봐. 이런 고민이 머릿속에서 떠돌기 시작한 게 얼마나 오래됐을 것 같아? 살아온 지 10년 하고도 몇 년 더 되었지? 10세 즈음의 최대 고민은 뭐였어? 아마 그 고민의 중심에는 오롯이 나만 있었을걸. 내 장난감과 나를 위한 테마파크, 내가 좋아하는 과자 등이 전부였을 거야.

지금은 어때? 부모와 친구, 학교 선생님, 학원 선생님 등을 포함해 나와 남 사이의 일들로 가득할 거야. 좋은 일만 있다면 얼마나 좋을까. 하지만 절대 그렇지 않지. 이제 막 나와 남이 관련된 일들로 고민하기 시작한 거야. 누구나 처음은 어려운 법이야.

어려운 일을 고민만 한다고 해결되겠어? 원인을 찾아야지. 엉킨 실타래도 처음을 찾으면 풀기 쉽다고 하잖아. 너희는 이미 처음을 찾았어. 너희가 인간이기 때문에 그런 걱정거리가 생긴 거라고. 이제 인간의 어떠한 점이 남의 시선을 의식하게 만드는지 살펴보자.

특정한 방식으로 짜인 뇌 구조

수많은 과학자는 인간뿐 아니라 침팬지 같은 고등 포유류의 뇌가 세 부분으로 되어 있다는 것을 확인했어. 흔히 '파충류의 뇌', '포유류의 뇌', '인간의 뇌'로 불리지.

뇌는 아래쪽에서부터 숨뇌, 다리뇌, 중간뇌, 소뇌, 사이뇌, 대뇌 순으로 되어 있어. 뇌를 세로로 쪼갠다고 할 때, 파충류의 뇌는 가장 안쪽에 있지. 중간뇌와 다리뇌, 숨뇌로 이루어진 뇌줄기와 소뇌로 되어 있어.

그런데 참 이상하지? 인간은 포유류에 속하는데, 왜 '파충류의 뇌'라고 할까? 파충류를 포함한 원시적인 동물의 뇌와 같은 기능을 하기 때문이야. 호흡·심장 박동·혈압 조절 등 생명을 유지하는 데 필요한 일을 하지. 인간이든 파충류든 이 부분은 별반 다르지 않아. 배가 고프면 꼬르륵 신호를 보내고, 무언가에 놀랐을 때 반사적으로 몸을 움츠리거나 '꺅' 하고 소리를 내지르게 만들지. 이렇듯 생존 본능과 관계가 있으므로 이를 '생명의 뇌'라고도 해.

그다음은 '포유류의 뇌'야. 호두 알맹이처럼 생긴 대뇌의 둥근 부분 아래로 고리처럼 감긴 부분이 있어. 대뇌와 사이뇌의 경계를 따라 단기 기억을 담당하는 해마, 공포 반응을 담당하는 편도 등 기억과 감정을 담당하는 여러 부분으로 이루어져 있어. 겉에서 보았을 때 귀 바로 위쪽에 있다고 보면 돼.

포유류의 뇌는 느낌과 감정에 관여하고, '과거'를 기억해. 파충류의 뇌가 작동해 배고프다고 신호를 보내면, 포유류의 뇌는 이 신호를 받아서 앞에 놓인 음식을 먹어도 되는지 참아야 하는지를 '과거'의 기억 위주로 '좋다', '나쁘다'를 결정하게 하는 거야. 어떤 뇌 과학자들은 이 좋고 나쁘다는 기준이 감정이 나오는 출발점일 것으로 생각해.

그래서 이 부분을 '감정의 뇌'라고도 해. 파충류는 이 부분이 발달하지 않았어. 오로지 포유류 이상의 고등 동물만이 감정을 나타낼 수 있으므로 '포유류의 뇌'라고 하는 거야.

'포유류의 뇌'를 둘러싸고 있는 대뇌의 겉층을 대뇌피질이라고 하고, 대뇌피질에서 가장 최근에 진화한 부위를 '인간의 뇌'라고 해. 오로지 인간만 가지고 있지.

태어나면서 학습으로 얻는 지식을 모두 저장하고 보관하므로 논리적 사고나 판단, 말 등 지적 활동과 관련이 있어. 그래서 '이성의 뇌'라고도 하지. 이 부분은 업그레이드되는 장점이 있어.

할 수 있는 한 쉽게 설명하려 했는데 이해했으려나. 파충류의 뇌든, 포유류의 뇌든, 인간의 뇌든 사는 데 크게 중요한 건 아니니까 대충 넘어가도 돼. 과학적으로 인간의 뇌가 그렇게 생겨 먹은 탓이라고 말하려고 그런 거야.

우리는 인간의 힘으로는 알 수 없는 화학 반응과 어떤 깨달음 때문에 '포유류의 뇌'에서 감정이 나오면 '인간의 뇌'가 작동해. 감정을 말로 표현하려고 뇌가 꿈틀한다는 소리야.

하지만 뇌에서 감정과 언어를 담당하는 곳이 달라 이따금 오류를 일으켜. 일종의 번역 오류 같은 거야. 우리가 느낀 감정을 마음에 드는 쪽으로 번역하려는 거지. 때로는 그 이유를 알아내지 못하기도 해. 이를테면 누군가를 부러워하는 건 나쁜 게 아닌데도 많은 사람은 그것을 불편하게 느껴. 그래서 분노나 원망 등으로 표현해. 또는 너무 우울한 나머지 왜 그런지 생각할 겨를조차 없겠지만, "그냥 우울해."라며 이유를 말하지 못하는 사람들이 많아.

고장 난 로봇처럼 오류를 낸다는 게 좀 슬프게 느껴지지만, 오류는 복구하면 돼. 하지만 스트레스나 사고 또는 유전적으로 대뇌의 일부인 전두엽이 손상되면 이성을 잃고 감정이 수시로 폭발할 뿐만 아니라 난폭해지기도 해.

특히 청소년기의 지나친 게임과 음주는 전두엽을 손상시킨다고 하니 알아서들 조심하길 바라. 손상된 전두엽은 치료할 수 있지만 완전히 회복되지는 않는다고 해. 노인들이 치매에 걸리는 건 대부분 전두엽에 손상을 입어서 그런 거야. 쉽게 치료할 수 있거나 회복할 수 있다면 치매에 걸리는 노인들이 해마다 늘지 않겠지.

길들지 않는 감정

더불어 살아가는 사회적 동물에게 감정의 소통은 일상이야. 만일 너희가 어떤 감정에 빠져 방에서 단 한 발짝도 나오지 않는다고 해도 홀로 살아가지 않는 한, 너희를 아끼는 사람들은 알아챌 수밖에 없어. 사랑과 우정의 레이더는 엄청나게 크고 정교해서 아무리 잘 숨긴다 해도 다 들키게 되어 있거든. 게다가 겉으로 드러난 감정은 칼로 무 자르듯 언제 그랬냐는 식으로 아무렇지 않은 척할 수도 없어. 왜? 그것이 인간의 본성이니까.

인공 지능 영역까지 과학과 기술을 발전시킨 마당에 그까짓 감정쯤 길들이는 건 일도 아니라고 생각할 수 있어. 하지만 모든 분야가 극적으로 발전해 수준이 높아졌다 하더라도 우리의 본성은 인류가 태어난 이래로 하나도 바뀌지 않았어.

사람은 위협적인 상황이나 스트레스에 노출되면 깜짝 놀라거나 불안, 공포, 증오 등의 감정을 강하게 느껴. 이는 생명을 지키기 위해 스스로 보호하는 것이어서 자신도 모르게 선천적이고 반사적으로 나오게 되어 있어.

예를 들어 어떤 일이 일어나도 절대로 반응하지 않겠다고 마음먹었다 치자. 길을 걸으며 풍경을 감상하던 순간, 눈앞에 끔찍이도 싫어하는 동물이 휙 지나갔다고 하면 어떨 것 같아? 나도 모르게 소리를 지르거나 그 자리에 주저앉거나 순식간에 돌처럼 몸이 굳어 버리겠지. 갑자기 화가 치밀어 올라 욕을 내뱉거나 출처 불명의 언어를 속사포처럼 쏟아내기도 할 거야. 이때 나타나는 주된 감정이 혐오와 공포야. 20만 년 전에 처음 출현한 현생 인류인 호모사피엔스도 우리와 똑같이 느꼈지.

혐오와 공포를 표현하는 방법이 다양한 까닭은 감정과 인지 능력을 관장하는 사람의 뇌 부분이 서로 분리되어 있기 때문이야. 동물의 경우는 몸으로 느낀 감각을 언어로 표현할 필요가 없기 때문에 감정이 원래 의도된 대로 제 기능을 해. 인기척을 느낀 야생 동물은 열이면 열 냅다 도망부터 가잖아.

인간 또한 사람이기 이전에 동물이므로 곧바로 도망가거나 놀라곤 해. 그러나 감정과 인지 능력이 마찰을 빚어 침을 튀겨 가며 욕을 하거나 입도 몸도 돌처럼 굳는 등 자신도 예상하지 못한 말이나 행동을 하기도 해.

그 사이를 비집고 나온 두려움

같이 어울리는 친구 중 한 사람이 시험을 망쳤다고 하자. 학원도 다니고 과외도 하고 밤늦도록 공부도 했건만 하늘도 무심하지 시험 점수가 조금도 오르지 않은 거야. 이때 다른 친구가 "시험도 끝났으니 맛있는 거 먹으러 가자." 하며 어깨에 손을 올렸어. 그때 시험을 망친 아이는 신경질적으로 손을 밀쳐내며 "네가 나라면 먹고 싶겠냐?" 하고 퉁명스럽게 쏘아붙였지.

정작 분노의 원인은 다른 데 있건만, 마치 친구의 잘못인 듯 과하게 화를 내는 친구를 보았을 때 너희는 다음 중 어떤 모습을 하고 있을 것 같아?

① 말도 안 되게 불편한 이 장면을 다른 누군가가 보고 있는지 주변을 조심스레 둘러본다.

② 퉁명스럽게 말을 한 친구가 정말로 짜증이 난 건지 표정을 살펴본다.

③ 맛있는 것을 먹으러 가자고 제안했던 친구가 마음이 상하지 않았는지 표정을 살펴본다.

①번의 경우는 누가 봐도 남의 시선을 의식하는 거야. 너희의 작은 소동에 직접 끼지는 않았더라도 남들이 혹여 그 상황을 나쁘게 바라보지는 않을까, 나는 아무 말도 하지 않았지만 그 다툼의 원인으로 오해받을까 봐 신경을 쓰는 거지.

②~③번의 경우는 친구의 마음을 그때그때 상황으로 미루어 알아내려고 눈치를 보는 거야. 서로 잘 지내야 편한데, 사이가 나빠지면 중간에서 나만 난감하잖아. ①번, ②번, ③번 모두 두려움에서 비롯되는 거야.

공포와 불안

불안과 공포는 같은 것 같지만 엄연히 달라. 두려움이 짙은 안개라면, 불안과 공포는 낱낱의 안개 입자 같은 거야. 안개는 아주 작은, 많은 물방울이 대기 중에 떠 있는 현상이야. 안개 속에 서 있으면 마치 구름 속을 떠도는 것 같지. 사실 안개는 구름이 생성되는 원리와 똑같아. 물방울들이 지표면에 가까이 있는지 멀리 떨어져 있는지에 따라 안개가 되기도 하고 구름이 되기도 하는 거니까.

이런 자연 현상조차도 사람이 개입되면 상황이 달라지지. 자동차나 공장 등에서 뿜어내는 해로운 물질들과 뒤범벅되곤 하니까 말이야. 불안과 공포는 안개를 이루는 또 다른 입자라 할 수 있어.

우리는 불안과 공포를 별로 구분하지 않고 쓰지만, 공포는 두려움의 실체가 분명하고 불안은 그렇지 않다는 차이가 있어. 공포는 의학 또는 심리학에서 확실한 대상과 연결돼. 그 대상으로는 뱀이나 쥐, 바퀴벌레 같은 동물이나 곤충, 물이나 높은 장소 같은 자연환경, 피를 보거나 주사를 맞는 것 같은 의학적 일, 비행기나 엘리베이터 같은 밀폐된 장소, 어릿광대 같은 캐릭터나 눈으로 볼 수 없는 존재인 귀신 등을 들 수 있어.

불안은 모호하거나 알려지지 않은, 곧 닥칠 위험에 대해 무력감을 느끼고 걱정하는 거야. 무력감은 자신에게 무언가를 해낼 능력이나 힘이 없음을 알았을 때 드는 허탈하고 맥 빠진 듯한 기분을 말해. 영화나 드라마를 볼 때, 다음에 어떤 장면이 나올지 모르지만 갑자기 마음이 조마조마해지면서 눈을 감거나 채널을 돌리잖아. 이런 것이 불안이야. 그야말로 사람의 마음 작용이 만들어낸 두려움이지.

공포는 두려움을 일으키는 대상만 눈에 보이지 않는다면 금방 사라져. 또 노력하면 얼마든지 극복할 수 있어. 하지만 불안은 마르지 않는 샘물 같아. 당장 조마조마한 순간을 넘겼다 해도 언제 또다시 불안에 휩싸일지 알 수 없어. 어제는 괜찮고 오늘은 안 괜찮을 수 있어. 예전엔 마음이 초조하고 불편했는데,

오늘은 아무렇지도 않을 수 있어. 한마디로 마음에 달린 거야.
마음이 마음대로 하는 거라고.

불쑥 나타난 비이성

앞에서 뇌의 두 부분, 즉 '포유류의 뇌'와 '인간의 뇌'는 이따금 불협화음을 일으켜 오류를 범한다고 했지. 이때 분명 같은 '나'이지만, 평소와는 다른 나를 만나게 돼. 불쑥 고개를 내민 또 다른 나는 보통 '비이성적'이라는 딱지가 붙지. 그것은 내 의지대로 되지 않아. 아주 기분파라서 종잡을 수가 없거든.

'이성'이라는 게 뭐야? 사물을 옳게 판단하고 참과 거짓 또는 진짜와 가짜, 선과 악, 아름다움과 추함을 판단해 구별하는 능력이야. 곧, 인간을 인간답게 하고 동물과 구분되게 하는 것이지. 상황을 옳게 판단하고 행동하는 사람들에게 "이성적이다."라고 하잖아. 으레 인간이라면 할 법한 생각들로 상황을 판단하고 처리할 때 그렇게 말하곤 하지.

이성은 의지와 한 세트야. 의지는 알다시피 어떠한 일을 이루고자 하는 마음이야. 무언가를 이루려고 할 때는 목표를 정해야 하고, 그 일을 하려는 동기와 목적을 가져야 하지. 이때 의지에 따른 일과 동기와 목적을 판단하는 것이 이성이야.

비이성은 감정이 지배해. 감정은 인간의 전유물이 아니야. 동물들도 갖고 있지. 인간은 태초에는 동물처럼 감정이 복잡하지 않았어. 하지만 살아남기 위해 언어가 발명되기 훨씬 전부터 소통해야 했기에 감정은 갈수록 점점 정교하고 복잡해졌어. 기쁨과 수치, 감사, 질투, 원망 같은 새롭고 복잡한 여러 감정을 진화시킨 거야.

감정이 사회적 학습의 결과물인지, 아니면 생물학적 본능인지에 관해 다양한 실험과 연구가 진행되어왔어. 하지만 어느 쪽이 옳다고 결론을 낼 확실한 근거는 아직 찾지 못했어. 분명한 사실은 감정은 무의식적인 측면, 곧 본능적인 면이 있기 때문에 비이성이 나타나지 않도록 막는 건 매우 힘들다는 거야.

자기도 모르는 '자기 검열'

사람은 누구나 스스로 이성적이라 생각해. 이성은 인간이 태어날 때부터 지니게 된 능력이 아니야. 훈련과 연습을 통해 갖는 후천적 능력이지. 그러므로 의문이 생겨. 눈을 감고도 어떤 일을 능숙하게 잘할 수 있는 사람들조차도 '내가 지금 잘하고 있는 걸까?' 하고 스스로 질문하고 자기 생각이나 판단에 가끔 제동을 걸어서 점검하게 되지. 스스로 비이성적인 행동을 할 때가 있다는 점을 잘 알기 때문이야.

《죄와 벌》로 유명한 러시아의 소설가 표도르 도스토옙스키는 자신의 또 다른 책에서 비이성을 두 번째 자아라고 했어. "하나는 분별 있고 이성적인 자아, 다른 하나는 꼴통 짓을 저지르지 않고서는 못 배기는, 그렇지만 가끔은 너무나 재미난 자아다."

예를 들어 사람들은 불편한 일을 겪은 사람에게 식사했냐고 안부를 묻곤 해. 좋지 않은 일을 곱씹느라 끼니를 거르고 건강을 해칠까 봐 걱정하기 때문이지. 그러면 대개 이런 대답들이 들려와. "밥을 입으로 먹었는지 코로 먹었는지 모르겠어", "배고픈지도 모르겠어."

'평소의 나'라면 때가 되면 어김없이 배꼽시계가 울리잖아. 끼니를 거르는 건 상상도 할 수 없고 말이야. 그런데 마음이 불편할 뿐인데, 입을 다친 것도 아니고 수저를 들 수 없을 정도로 팔이 아픈 것도 아닌데, 밥 먹는 게 왜 그리 힘들어지는지. 기억 상실증도 아니건만 무슨 반찬을 먹었는지 기억도 나지 않고…….

이때의 내가 '비이성적인 나'야. 인간의 기본 욕구인 식욕마저도 무감하게 만드는 별난 녀석. 생존하려면 먹어야 한다는 사실을 무시하고 제멋대로 식욕을 눌러버리는 꼴통. 자아를 실현하고 싶고, 존경받고 싶고, 사회에 참여하고 싶고, 안전하고 싶은 욕구를 채우기 이전에 가장 먼저 해결해야 하는 생존의 욕구마저도 개무시하는 비이성이란 이런 거야.

비이성이 나타나는 순간에는 남이 나를 쳐다보든지 말든지 상관도 안 해. 인간이 지닌 기본 욕구 같은 건 '에잇, 저 우주에 나 갖다 버리라지.' 하는 생각만 들 뿐이야. 이런 상황에서는 누구든 남의 시선 따위는 절대 느낄 수가 없지.

이성적인 나는 비이성의 별난 성격을 알기 때문에 스스로 자기 점검을 해. 그리고 '마치 내 뜻을 거스르고 싶기라도 한 것처럼, 온 힘을 다해 저항하는데도 자꾸만 저지르려고' 하는 비이성을 누르고 통제하려 해.

내 감정을 모를 때 일어나는 일

다시 앞의 이야기로 돌아가 보자. 이번에 시험을 망친 친구는 평소에는 명랑하고 밝은 아이였어. 친구들과 장난치다가 다쳐도 얼굴 한번 찡그리지 않았지. 점수가 잘 나오든 못 나오든 시험이 끝나자마자 시험 끝낸 기념으로 맛있는 것을 먹으러 가자며 앞장서곤 했어.

이번엔 전보다 더 노력을 기울였기 때문에 각오가 남달랐어. 좋은 결과를 얻을 것 같은 기대감에 시험이 끝나면 무엇을 먹을까 궁리하며 세상의 맛있는 음식이란 음식은 모조리 생각해냈지. 그런데 시험 시간에 '도대체 나는 뭘 공부한 거야?'라는 생각이 들 정도로 답이 쉽게 떠오르지 않았어. 마음은 점점 조급해지고 자꾸만 샤프심은 부러졌어. 마지막 문제는 제대로 읽지도 못한 채 급하게 답을 적었어.

시험을 망친 친구와 단짝으로 지내는 아이들은 그 친구의 표정만으로도 대략 어떤 상황인지 파악할 수 있었어. 그래도 그 친구가 금방 미소를 지을 거라 여기며 다른 친구가 평소처럼 하자고 말을 건 거야. 먹다 보면 기분이 좋아지곤 하잖아.

시험을 망친 친구는 감정과 인지 능력이 서로 조화를 이루지 못하고 삐끗거리기 시작했어. 한 아이가 "시험이 어려웠어?" 하고 물어보고 싶었지. 하지만 눈치를 보아하니 어떤 대답을 들을지 알 것 같았어.

"몰라서 묻니? 시험을 망쳤다니까, 이번에 내가 얼마나 열심히 공부했는지 알잖아."

"몰라. 시험 망쳐서 기분이 안 좋아."

"공부한 것보다 점수가 잘 안 나와서 짜증 나."

자신이 슬픈지 두려운지 잘 모르면서 단지 기분이 나쁘다는 이유로 사람들은 툭 하면 '짜증'이라는 단어를 사용하지. 짜증은 감정이 아니야. 짜증은 '마음에 들지 않아 발칵 화를 내는 짓 또는 그런 성미'를 뜻해. 짜증을 일으킨 실제 감정은 따로 있어.

이를테면 좌절감, 분노, 우울, 슬픔, 서러움, 지루함, 불안함,

답답함, 무기력함, 절망, 떨림, 긴장, 억울함, 서운함, 허전함, 허무함, 공허함, 고통, 두려움, 창피, 조급함, 아쉬움, 귀찮음, 무서움, 피곤, 비참, 패배감, 죄책감, 소외감, 외로움, 거부감, 수치심, 자괴감, 질투, 시기, 혐오, 경멸, 낙담, 배신감, 박탈감, 자격지심, 초조 등을 들 수 있지.

시험을 망친 친구는 스스로 부끄러운 마음에 자괴감을 느꼈을지도 모르고, 창피함이나 답답함을 느꼈을지도 몰라. 시험을 잘 봤을 거라 기대했다면 허무함을 느꼈을 거야. 만일 허무함을 느꼈다면 짜증보다는 굳은 얼굴로 아무 말도 하지 않거나 긴 한숨을 내쉬었겠지.

이 아이는 자신의 감정을 잘 몰라서 비이성적인 행동을 하고 만 거야. 감정과 인지 능력이 마찰을 빚어 자신의 마음을 알아주지 못한 친구에게 짜증을 부렸어. 만일 이성적으로 판단했다면 어떻게 말했을까?

자신의 감정을 잘 안다면 "허무해."라거나 "나 자신에게 화가 나."라는 식으로 분명하게 말했을 거야. 자신의 감정을 잘 모른다면 "나 시험공부를 정말 열심히 했거든. 그런데 막상 시험 문제를 푸는데 답이 하나도 생각나지 않는 거야." 하고 친구들로부터 이해받기 위해 자신의 상황을 구체적으로 설명했을 거야.

부정적인 감정은 마음의 통증

'전갈'이라고 하면 무엇이 가장 먼저 떠올라? 대개 독을 지닌 무서운 동물이라는 생각이 떠오를 거야. 전갈은 아주 추운 극지방을 제외하고 전 세계에서 볼 수 있어. 약 1100종이 있지. 네 쌍의 다리와 앞다리에 달린 집게발 그리고 몸 위로 구부러진 가늘고 긴 꼬리가 있어. 그리고 이 꼬리 끝에는 날카로운 독침이 있지. 싸움이 격렬해지거나 위험을 느끼면 전갈은 독침을 쏘고, 독액을 맞은 적은 죽고 말아.

인터넷에 '메뚜기쥐 전갈'을 검색하면 메뚜기쥐와 전갈이 한밤중에 치열하게 다투는 장면을 볼 수 있어. 내셔널지오그래픽에서 찍은 영상인데, 메뚜기쥐가 맹독을 가진 자이언트데저트

헤어리전갈의 영역에 나타난 거야. 몸이 작은 생쥐들에게 전갈의 독은 치명적이지. 그런데도 500그램밖에 안 되는 메뚜기쥐는 전갈을 무서워하지 않을 뿐만 아니라 잡아먹기까지 해. 전갈은 순식간에 꼬리를 들어 메뚜기쥐의 귀 사이에 정확하게 독침을 꽂아. 하지만 메뚜기쥐는 잠시 움찔하다가 이내 전갈을 잡아먹고 말아. 메뚜기쥐의 두꺼운 피부와 털이 전갈의 독침과 독의 통증을 막아 주기 때문이야.

우리도 메뚜기쥐처럼 통증을 느끼지 못한다면 어떨까? HSAN-4(유전성 감각과 자율신경병 제4형)라는 유전병을 가진 환자들은 통증과 온도 차이를 느끼지 못해. 자신의 팔이 부러져도, 발이 동상에 걸려도 통증을 못 느껴. 음식을 먹다가 혀나 입의 안쪽을 깨물었던 경험이 있는 사람이라면 얼마나 아프고 짜증 나는지 잘 알 거야. 순간 움찔하면서 너무나도 아파서 인상이 저절로 찌푸려지지. 하지만 이 병에 걸린 환자들은 피가 나도 느끼지 못해.

이런 극소수의 사람을 제외하고 누구나 통증을 느껴. 통증을 느끼면 '몸에 이상이 있나 봐.' 하지. 가시에 찔리거나 불에 데면 몸이 반사적으로 움직여서 통증을 일으키는 원인에서 멀어지게 돼. 아픔을 통해 '문제를 해결하거나 피하라.'라고 신호를 보내는 거야.

마찬가지로 마음에도 통증 역할을 하는 감정이 있어. 그것이 부정적인 감정이야. 부정적인 감정은 마음을 불편하게 하는 간단한 신호에서 두통이나 알레르기, 천식, 습진, 궤양 등에 이르기까지 다양하고 복잡한 신호를 보내. 이럴 때는 곧바로 마음을 들여다보고 문제의 원인을 찾아야 해. 마음의 통증으로 몸까지 아프게 되면 이성도 비실비실해지니까 말이야.

세상은 변해도 여전한 이성의 작용

비이성적일 때는 자신이 다른 사람에게 어떻게 보이는지는 중요하지 않아. 자신에게만 몰두하기 때문에 다른 사람이 눈에 들어오지 않는 거지. 하지만 이성적일 때는 많은 것을 고려해. 이따금 자기 생각을 점검하기도 하고.

이성적이라는 게 대상을 두루 생각하고 판단한다는 뜻이잖아. 생각은 수천 개의 체인이 끊임없이 서로 맞물려 움직이는 공장 같아. 이 생각과 저 생각이 서로 맞물려 영향을 주기도 하고 밀어내기도 하지. 인간을 인간답게 만드는 답을 이끌어내려면 일종의 첨가물이 필요한데, 그것이 옳고 그름, 참과 거짓, 진짜와 가짜, 선과 악, 아름다움과 추함 같은 가치 기준이야.

일반인들과 뇌 구조가 다른 사이코패스처럼 공감 능력이 없는 사람이 아니라면, 누구나 이런 가치 기준 중 어떤 것을 원하는지 따져보지 않아도 잘 알 거야. 인간은 자신이 옳고, 참되며, 진짜를 말하고, 선한 마음을 가진 아름다운 사람이라고 믿어.

기원전 3500년경 티그리스강과 유프라테스강 사이의 비옥한 초승달 지역에서 시작된, 인류 최초의 문명을 이룩한 메소포타미아 사람들도 그 가치를 알고 있었어. 문명 초기에 등장한 건 아니지만, 기원전 18세기에 '눈에 눈, 이에는 이'로 유명한 함무라비 법전이 생긴 것만 봐도 알 수 있지.

옳고 그름을 판별해 그른 짓을 한 사람에게는 해를 입힌 사람과 똑같이 당하게 한다는 거야. 실제로 함무라비 법전에는 '만일 한 사람이 다른 사람 자식의 눈을 상하게 했다면 그의 눈을 상하게 한다', '만일 누군가가 타인의 뼈를 부러뜨렸다면 그 사람의 뼈를 부러뜨린다.'는 내용이 있어.

인간은 이성적으로 판단해 자신의 삶을 아름답고 이롭게 만드는 제도와 법을 만들어왔어. 제도와 법은 사회를 움직이는 사람들의 가치와 생각을 바탕으로 만들어지는 거야. 다만 각기 다른 사회를 구성하는 사람들은 똑같지 않으므로 가치와 생각도 저마다 다르고 시대의 흐름에 따라 바뀔 수 있어. 하지만 옳고 그름, 참과 거짓, 진짜와 가짜, 선과 악, 아름다움과 추함 등을 분별하려는 이성의 작용은 수천 년이 지난 오늘날에도 조금도 달라지지 않았어.

부정적인 태도

앞에서 사람들은 스스로 이성적이라고 생각하면서도 때때로 일종의 '자기 검열'을 한다고 말했어. 자기 검열이란 자신의 마음속에 있는 위험한 욕망을 도덕적 의지나 사회적 준거로 억눌러 의식의 표면에 떠오르지 않게 하거나 행동으로 옮기지 않도록 스스로 조절하는 일을 말해.

이 책에서 예로 든 상황들은 '위험한 욕망'에 해당하지 않지만, 편의상 '자기 검열'이라고 할게. 검열이라는 말이 부정적으로 들린다면 점검이라고 바꿔서 생각해도 좋아. 검열이라는 말을 쓰는 까닭은 실제로 우리가 감정을 드러내기 전에 이성의 작용으로 점검해서 어떤 것들은 걸러내 밖으로 드러내지 않도록

'통제'하기 때문이야.

점검이든 검열이든 그건 각자 편한 대로 사용하기로 하고, 수업 시간에 자주 경험할 법한 상황을 생각해 보자.

학교에서 수업할 때 선생님들은 불쑥불쑥 질문하곤 해. 그때 학생들의 표정은 천차만별이야. 정답을 말할 기회를 노리고 선생님의 손가락이 자신을 가리키게끔 뚫어지게 선생님을 쳐다보는가 하면, '제발 걸리지 마라.' 하는 마음으로 고개를 푹 숙이기도 하고, 걸려도 상관없다는 듯이 책과 선생님을 번갈아 보며 덤덤하게 앉아 있기도 해.

지목된 학생 중에는 정답을 알고 있으면서도 기어드는 목소리로 대답하는 사람이 있어. 틀린 대답을 말해도 혼나지 않는다는 사실을 알면서도 자신을 바라보는 선생님과 반 친구들의 눈치를 살피며 간신히 대답하지.

왜 이 아이는 그런 행동을 하는 걸까? 그것은 남들이 나에게 던지는 시선에 끊임없이 반응하며 감정을 일으키기 때문이야. 선생님의 질문에 틀린 대답을 할까 봐 걱정하는 두려움이 생긴 거야. 지목될 가능성이 아예 없는 것은 아니지만 '설마 선생님이 나한테 질문하겠어?' 하고 생각했다가 마침내 자신의 이름이 불리는 순간, 불안이라는 감정이 마구 솟구쳐 마음이 짓눌리는 상황에 빠진 거야.

대개 이런 학생들은 부정적인 태도를 지녔다고 할 수 있어. 긍정적인 태도를 지닌 사람들은 '틀리면 정답을 기억해서 다음에는 안 틀리면 되는 거지 뭐.' 하고 자신 있게 대답해. 반면, 부정적인 태도를 지닌 사람들은 기본적으로 삶을 대하는 데 두려움이 작용해. 이렇게 예상치 못한 일이 일어나면 불안 때문에 안절부절못하는 거지.

자신을 짓누르는 불편한 감정으로부터 스스로 보호하기 위해 무의식적으로 소극적인 행동을 하게 되는 거야. 또 다른 두려운 상황이 일어나지 않도록 하려는 거지. 입을 다물고 있으면 선생님에게 반항한다고 혼날까 싶고, 시원스레 대답했다가는 또 다른 질문을 받을까 걱정되는 거야. 혹시라도 틀리면 친구들의 비웃음을 살 테고 말이야.

이런 친구들은 자신이 안전하다고 느끼는 적정한 선을 만들어두는 경향이 있어. 선의 안쪽은 설사 두려움이 생기더라도 감당할 수 있어. 반면, 선의 바깥쪽은 스스로 불안을 감당할 수 없다고 믿고 그 선을 넘는 일들이 자신에게 생기지 않도록 무진장 애써. 만일 그 선을 넘는 일이 닥친다 싶으면 몹시 초조해해. 그래서 변화를 두려워하고 하던 대로 하려고 하지. 바뀐 것들로 말미암아 나쁜 일이 일어날지 모른다고 생각하기 때문이야.

우정도 금이 가게 만드는 두려움

시험을 망친 아이의 짜증을 들은 친구가 이런 부정적인 태도를 지녔다면 어떤 상황이 펼쳐질까?

부정적인 태도를 지닌 친구는 마음이 상해서 적대감이 생길 수 있어. 적대감은 적으로 여기는 감정이야. 이 감정이 생기는 순간 친구는 적이 되지. 겉으로는 아무 말 하지 않더라도 '네 성질머리가 그러는데 하늘이 널 돕겠냐?'라는 식으로 속으로 친구를 비아냥거릴 수도 있어. 또 적대감과 인식 능력이 마찰을 빚으면 이런 말을 내뱉을 수도 있지.

"시험 못 본 애가 너뿐이냐? 왜 그리 유별나게 구는데? 원래 공부를 잘했던 것도 아니었잖아."

만약 이런 말을 했다면 그날 이후로 서로 서먹서먹해져서 친구 사이가 예전 같지 않을 거야. 그리고 이 경우에 또 다른 친구는 얼마나 난처하겠어. 중간에서 이러지도 저러지도 못하고, 더는 셋이 어울려서 예전처럼 즐겁게 시간을 보내는 일은 기대할 수도 없을 거야. 사이가 틀어진 두 친구는 서로 적이 되어 다른 친구들에게 상대의 험담을 늘어놓을지도 몰라.

아니면 시험을 망친 친구의 짜증을 듣지 않기 위해 슬쩍 자리를 피할 수도 있어. 친구가 계속 짜증 내면 어떻게 해야 할지 모르니까 자신이 그 상황을 감당할 수 있을지 스스로 두려운 거야. 이 경우에도 서먹해지기는 마찬가지야. 앞으로 또 언젠가 이런 일이 일어날지 모르기 때문에 조금이라도 비슷한 상황이 예측되면 피하려고 하지. 똑같이 시험을 치른 상황이 아니더라도 셋이 모여 있다가 생긴 일이기 때문에 다같이 만나는 일 자체를 피하려 할지도 몰라.

만일 어릴 때 부모의 사랑이나 애정을 충분히 받는다고 느껴보지 못해서 부정적인 태도를 지니게 되었다면 원망의 감정을 가질 거야. 이런 친구는 사람들에게서 무시나 무례함의 신호를 찾아내는 데 귀신이야. 학원에 과외에 부모님의 적극적인 지지와 애정 등 자신보다 더 나은 조건에서 공부한 친구와 비교하지. 그러고는 부당하다는 느낌에 상처를 받아. 이 상처는 절대

아물지 않아. 오히려 곱씹어 생각하게 되고, 자신은 늘 부당한 대접을 받는다는 느낌을 지우지 못해. 이 세 친구의 우정에 금 가는 소리가 들리는 것 같지 않니?

불안을 없애려면?

남의 시선을 의식하는 이유는 실체가 없는 두려움, 곧 불안 때문이야. 내가 이성적이라 여기면서도 자기 검열(점검)을 했을 때 본인의 생각이 잘못되었을지도 모른다거나 자신의 결정이 실수일지도 모른다고 하는 불안 때문이지.

스스로 그렇게 믿으면 그만이지 뭘 그런 것 갖고 불안에 떠느냐고 생각할 수도 있어. 하지만 안타깝게도 감정은 의지로 어쩔 수 있는 게 아니야.

'불안아, 마음에서 솟아나지 마라!'라고 천 번 만 번 주문을 외워도 아무 소용이 없어. 냉수를 받아놓고 달 앞에서 빌어도, 캄캄한 밤 입에 칼을 물고 귀신에게 부탁해도 전혀 효과가 없다고. 마음은 '마음대로' 할 뿐이지. 의지는 마음에서 감정이 솟아나기 전에는 일절 관여할 수가 없어.

다행인 건 불안의 정도를 줄일 수는 있어. 긍정적인 생각을 하게끔 의지를 펌프질해서 뇌를 자극하면 돼. 별것 없어. 너희를 행복하게 했던 추억을 떠올리거나 기분 좋게 만드는 미래를 상상하면 되는 거지.

불안을 없앨 방법은 없냐고? 물론 있지. 그런데 그것도 의지로 안 돼. 의지로 없앨 수 있다면 불안의 크기를 줄이는 방법을 왜 알려 줬겠어? 불안을 없애는 방법은 감정에 달려 있어. 감격이나 감동, 감사, 고마움, 고무적, 기쁨, 놀라움, 가벼움, 만족스러움, 뭉클함, 반가움, 벅참, 뿌듯함, 시원함, 싱그러움, 좋음, 짜릿함, 쾌적함, 통쾌함, 포근함, 푸근함, 행복, 후련함, 흐뭇함, 흥분 등이 바로 그거야. 그런 긍정적인 감정이 솟아나면 불안은 사라져.

긍정적인 감정을 느꼈던 일 또는 앞으로 생길 만한 기분 좋은 일들에 집중해 봐. 불안은 언제고 다시 나타나겠지만 긍정적인 감정이 솟아나면 순식간에 사라진다는 사실을 알게 될 거야.

언제 '자기 검열'을 할까?

옷을 하나 살 때도 '초록색이 나을까, 파란색이 나을까? 무난한 검정? 눈에 띄게 빨강?' 하며 고민하는 자신을 떠올려 봐. 물론 두 가지 색상 중 좋아하는 것이 확실하고, 자신의 얼굴과 체형에 어떤 것이 잘 어울리는지 안다면 고민할 필요가 없지.

점심 메뉴를 고를 때도 마찬가지야. 중국집에 가서는 짜장면을 먹을까, 짬뽕을 먹을까? 분식집에 가서는 칼국수를 먹을까, 라면을 먹을까? 먹거리를 파는 노점에서는 떡볶이를 먹을까, 순대를 먹을까, 어묵을 먹을까? 햄버거를 먹을까, 샌드위치를 먹을까? 고민하지.

그만, 그만! 정말이지 우리 인간은 먹을 것을 고르고 옷을 사는 데도 고민하고 또 고민해. 그날 먹고 싶은 음식이 머릿속에 금방 떠오르지 않으면 이렇게 오락가락하기 마련이야.

이렇듯 여러 선택지를 놓고 쉽게 결정하지 못하며 우왕좌왕하는 상황을 일컬어 심리학자들은 '오버로드(Overload, 과부하)'라고 해. 뇌는 많은 것 가운데 하나를 선택해야 하는 상황이 닥치면 결정하는 데 어려움을 겪어. 이를 '결정 장애'라고 하지.

결정 장애의 가장 큰 원인은 '욕심'이지만, 그에 못지않게 사람을 힘들게 만드는 게 두려움이야. 다른 하나를 결정하면 나머지를 포기해야 하는데, 만일 선택한 것이 포기한 것보다 좋지 않으면 어떻게 하나 하는 불안 때문에 결정을 내리지 못하는 거야.

다시 말해 어떤 일을 결정할 때 '자기 검열'을 하게 돼. 말이 결정이지, 살면서 결정을 내려야 하지 않는 상황이 어디 있겠어. 식사 메뉴나 옷을 고르는 것이 아니라도 '점심을 먹을까, 말까' 조차도 결정을 내려야 해. 당장 배고프지 않을 때는 '지금 먹지 않으면 이따가 배고프겠지? 그때는 밥 먹을 시간이 없을 텐데', '지금 먹고 싶지 않은데 억지로 먹었다가 체하면 어떻게 하지?' 하고 고민하게 되지.

이때도 앞으로 닥칠 상황에 대해 미리 걱정하게 만드는 불안감이 피어올라. 이성의 작용으로 각각의 상황에 대해 자기 검열을 하고 불안이 가장 적은 쪽을 선택하는 거야.

도저히 나는 안 되겠어

자기 검열(점검)을 마쳤는데도 여전히 결정을 내리지 못할 때가 있어. 지금 '먹는다', '먹지 않는다'처럼 둘 중 하나를 결심하면 깨끗하게 끝나는 일인데도 말이야. 이것은 이성적으로 생각하지 않았다는 거야. 아주 잠깐 결정을 내릴 뻔했던 건 자기 검열 과정에서 생겨난 감정이 스스로를 이성적이라고 착각하게 만든 거야. 이성적으로 판단했다면 진작에 결정했겠지.

감정은 우리를 내부로 향하게 만들어서 계속 그 감정을 되새기게 해. 당장 끼니를 해결할 것인가, 말 것인가를 결정하는데 집중하기보다는 지금 점심을 먹었을 때와 먹지 않았을 때 일어날지도 모를 일에 대해 걱정하게 만드는 거야.

계속해서 감정에 휘둘리면 결국 타인의 이성에 의존하게 돼. 바로 이렇게 말이야. "엄마, 나 밥 먹을까, 말까?"

이제 좀 더 복잡한 상황으로 들어가 보자.

'어린아이가 넘어지면 무조건 도와야 한다', '스스로 일어나도록 지켜봐야 한다.'는 문구가 적힌 두 개의 깃발이 약간의 간격을 두고 세워져 있어. 바람이 불기 때문에 금방이라도 쓰러질 것 같아. 이따금 바람이 세게 불면 깃발이 넘어갈까 봐 "어어" 하는 소리를 내곤 해. 이때 사람들에게 벽돌을 주고 각자 동의하는 쪽에다 두고 오게 하는 거야. 단, 깃발이 쓰러지지 않도록 장대 가까이에 벽돌을 두라고 일러뒀어.

이 두 사안은 딱히 어느 것이 더 이성적인가를 판단하기가 애매해. 어린아이가 처한 상황에 따라 사람들은 둘 중 하나가 더 옳다고 생각할 수도 있고, 아니면 둘 다 옳다고 생각할 수도 있어.

그러나 어느 쪽이든 사람들이 옳다고 믿는 쪽에 벽돌이 많이 쌓일수록 그 깃발은 쓰러지지 않을 거야. 반면 벽돌이 없거나 너무 적으면 바람이 세게 불 때 쓰러질 거야.

상황 1 | '둘 다 일리가 있는데 어디에다 두지?' 하며 갈팡질팡하는데, 바람이 점점 세게 불어서 '어어, 깃발이 쓰러지면 어쩌

지?' 하는 상황이야. 둘 다 맞는 것 같긴 한데 더 심하게 휘청거리는 쪽이 더 맞는 말 같아. 마침 사람들이 그쪽에 벽돌을 가져다 놓기 시작했어.

상황 2 | 사람들이 벽돌을 많이 가져다 놓은 쪽에 두기로 결정했어. 그런데 점점 반대쪽에 벽돌이 많이 쌓이는 거야. '그게 아닌가 보다. 그러면 반대쪽이 맞는 건가?' 하는 생각이 급히 고개를 들어. 이미 벽돌을 갖다 둔 사람은 '지금이라도 벽돌을 옮기면 안 될까?' 하고 생각할 수도 있어.

집단의 에너지에 약한 불안감

'둘 다 일리가 있는데 어디에다 두지?', '어어, 깃발이 쓰러지면 어쩌지?', '그게 아닌가 보다. 그러면 반대쪽이 맞는 건가?'는 불안이 언어로 나타난 결과야.

물론 감정과 인식 능력에 문제가 생기면 '왜 저런 걸 하고 난리야', '깃발이 쓰러지든 말든 나랑 무슨 상관이람', '시작하기도 전에 쓰러져 버려라' 같은 말들이 떠오를 수도 있어.

상황 1에서 '어어, 깃발이 쓰러지면 어쩌지?'라는 불안이 들 때, 어느 쪽에 벽돌을 놓을지 확실히 정한 사람은 다른 사람이 어느 쪽에 벽돌을 놓든 상관없이 내가 놓을 쪽의 깃발에만 집중해. 그리고 그 깃발이 쓰러지기 전에 서둘러 가져다 놓고 싶어 하지. 다른 사람의 시선을 의식할 이유가 전혀 없어.

반면, '둘 다 일리가 있는데 어디에다 두지?' 하고 고민하는 사람은 다른 사람이 어디에 놓는지를 살펴보게 돼. 그러면서 남의 시선을 의식하게 되지. 다른 사람들이 자신을 이성적으로 보는지 신경을 쓰기 때문이야.

인간은 사람이 많이 모인 곳에서는 깨닫지 못하는 사이에 다른 사람의 영향을 받아. 무의식적으로 남들이 하는 말과 행동을 따라가는 것에 익숙하지. 우리는 스스로 생각하는 능력의 버튼을 꺼 버리고는 남들이 어떻게 했는지를 보고 따라 하거나 다른 사람의 말에 귀를 기울여. 이때는 확실히 생각을 정한 사람을 제외하고는 모두가 서로를 의식하고 있어. 다른 사람이 하는 것을 보고 따라 하면 그만큼 실패할 확률이 낮다고 여기는 거야.

사실 이런 종류의 결정은 성공과 실패를 나눠 봤자 아무런 의미가 없어. 그런데도 내 편에 속하는 다른 사람들도 나와 똑같은 것을 느낀다고 확신하고는 안심하게 돼. 이때는 다른 사람과 나 사이에 오가는 공유된 에너지를 경험할 수 있어서 자신감이 커지는 것을 느낄 수 있지.

'객관'에 대한 착각

다른 사람을 따라 하기는 했지만, 어쨌든 이미 생각을 정한 상황이야. 그런데도 그 생각이 이성의 작용으로 나온 결론이라고 스스로를 설득하기 위한 증거를 찾아 나서게 되지. '자기만의 생각을 뜻하는 주관의 반대가 객관이니까 아직 벽돌을 놓지 않은 사람들이 내가 선택한 쪽에 놓으면 나는 객관적인 사고를 하는 거야.' 하며 다른 사람들이 어떤 결정을 하는지 지켜볼 수 있어. 하지만 이는 언뜻 그럴싸해 보이는 이유를 갖다 붙여놓고 믿고 싶은 대로 확신하고픈 자기 위안일 뿐이야.

흔히 사람들은 주관은 개인에 치우친 이기적인 생각이라 여기고, 객관은 다수의 생각이므로 보편적이고 이성적일 거라고 여기곤 해. 하지만 이건 잘못된 생각이야. 객관은 주관의 상대적인 개념일 뿐이어서 반대라고 할 수가 없어. 객관은 자기와의 관계에서 벗어나 제삼자의 입장에서 사물을 보거나 생각하는 거야. 어느 쪽에도 벽돌을 가져다 놓을 필요가 없지만, 두 문구에 대해 자신의 의견을 가진 사람이 제삼자인 거지.

그런데 자신이 정한 생각과 달리 사람들이 반대쪽에 벽돌을 계속 가져다 놓기 시작했어. 그러면 '그게 아닌가 보네. 그러면 반대쪽이 맞는 건가?' 하며 불안해지기 시작해. 어느 쪽에 벽돌을 놓든 그게 과연 그렇게 중요한 걸까? 벽돌이 적은 쪽을 지지한 사람들을 비판하자는 게 아니잖아. 그런데도 불안이라는 감정에 몰입한 나머지 자기 검열을 하게 돼.

이때 벽돌을 손에 쥔 나는 많은 사람이 지지하는 쪽에 속하고 싶은 거야. 많은 사람이 지지하는 생각이 이성적이라고 여기기 때문이지. 따라서 내가 그쪽에 속해야 다른 사람들도 나를 이성적이라고 여기게 될 거라는 생각이 드는 거야. 자신도 깨닫지 못한 사이에 세워 놓은 이 계획의 긍정적인 목표는 많은 사람이 지지하는 문구에 내 벽돌을 가져다 놓는 것이지.

앞으로 벽돌을 가져다 놓을 사람의 수가 얼마 남지 않았는데, 자신이 선택한 쪽에 벽돌이 수북이 쌓여 있다면 자신은 분명히 이성적인 사고를 하는 사람이라고 확신하게 될 거야. 불안은 사라질 테고 말이지. 끝까지 어느 쪽의 벽돌이 더 많은지 알 수 없다면, 결정이 끝나더라도 다시 자기 검열을 하게 돼. 아직 불안이 해소되지 않았거든. 이때도 남의 시선을 의식하게 되는데, 자신의 생각에 누가 동의하는지를 탐색하는 거야. 빨리 이 상황이 끝나기를 바라면서.

인간의 욕구

고대 그리스의 철학자 에피쿠로스는 욕구를 총 세 가지로 분류했어. 첫 번째는 자연적이고 필수적인 것, 두 번째는 자연적이지만 필수적이지 않은 것, 세 번째는 근거 없는 또는 비자연적인 것이야.

자연적이고 필수적인 욕구는 입고, 먹고, 자는 일과 같이 생존에 관한 거야. 자연적이지만 필수적이지 않은 욕구로는 성행위가 있어. 이성에게 이끌려 함께 사랑을 나누고 싶어 하는 것은 동물적인 기본 욕구야. 인간의 3대 기본 욕구 중 하나이기도 하지. 하지만 그것을 하지 않는다고 해서 죽지는 않아.

에피쿠로스는 쾌락을 최고의 선이라고 보았어. 앞에서 인간은 이성의 작용으로 선과 악을 구분한다고 했지. 물론 인간은 선을 추구하고 말이야. 에피쿠로스는 많은 '선' 가운데 으뜸을 쾌락으로 본 거지. "쾌락이야말로 우리가 진정으로 바라고 원하는 것이며, 쾌락이 넘치는 삶이야말로 행복하고 바람직하다."라고 했어.

하지만 오해하지 않길 바라. 에피쿠로스가 말한 쾌락은 방탕하게 즐기는 그런 게 아니야. 그런 '방탕자의 쾌락'은 순간의 기쁨은 있을지언정 그것이 사라지면 긴 고통을 남기기 때문에 억제해야 하는 불완전한 쾌락이라고 했어. 한마디로 즐길 땐 좋았는데, 시간이 지나 자려고 누웠을 때 부끄럽거나 창피스러운 일이 불현듯 생각나 이불을 걷어차는 '이불 킥'을 하게 만든다는 거야.

에피쿠로스가 말한 쾌락은 '육체에 고통이 없고 마음에 불안이 없는 평온함'이야. 코가 막혀서 숨쉬기가 힘들고, 콧물 때문에 코가 헐다 못해 따갑고, 갈비뼈가 부러질 것처럼 심한 기침이 연이어 나오는 감기에 걸려 본 적이 있을 거야. 그러다 마침내 감기가 나아서 숨을 마음껏 들이쉴 수 있게 되고, 원래의 목소리를 찾게 됐을 때의 기분을 상상해 볼 수 있겠어?

연극반에 지원했는데 선발할 인원은 정해져 있고 지원자가 많은 거야. '혹시라도 떨어지면 어쩌지?' 하고 걱정하다가 최종

선발 명단에 오른 자신의 이름을 발견했을 때 기분이 어떨 것 같아? 바로 이때 느끼는 게 에피쿠로스가 말한 쾌락이야. 이럴 때 '행복은 멀리 있지 않다.'고 할 수 있지.

마지막으로 근거 없는 또는 비자연적인 욕구는 오래전부터 해 오던 관행이나 사회적 습관으로 생겨난 거야. 예를 들어 우리가 여행을 갈 때 굳이 비싼 외제 차를 살 필요는 없어. 버스나 기차, 비행기 등 대중교통을 이용해도 충분히 갈 수 있지. 하지만 어떤 사람들은 사람들의 시선을 받고 싶어 해. "저 차 좀 봐. 멋지지 않아?", "차 주인이 엄청 부자인가 봐." 같은 기분 좋은 말들을 듣고 싶은 거야.

매슬로의 다섯 가지 욕구

앞에서 의지란 어떠한 일을 이루려고 하는 마음이라고 했어. 그리고 이성과 짝짜꿍이 잘 맞는다고도 했지. 의지는 욕구에도 작용해. 욕구란 인간이 생존하고 유지, 성장하는 데 꼭 필요한 것을 말해. 기본적으로 먹고 자고 싸고 움직이는 등의 욕구가 있어. 이 밖에도 타인으로부터 상처를 입게 되면 스스로를 지키기 위해 분노라는 감정이 생겨. '다른 사람들이 내게 피해를 주었기 때문에 나는 이렇게 행동할 권리가 있다.'고 생각하는 거야. 따라서 심리적 욕구가 포함되기도 해.

미국의 심리학자 매슬로는 우리 뇌에서는 다섯 가지로 구별되는 욕구가 단계별로 만들어진다고 했어. 먼저 '생리 욕구'가 있어. 먹고 자고 입는 의식주와 성욕을 채워야 한다는 말이야. 생리 욕구가 채워지면 우리는 위험한 세상에서 보호받고자 하는 '안전 욕구'에 몰두해. 이 두 가지를 얻고 나면 원하는 집단에 들어가기를 바라는 '소속 욕구'가 생겨. 그리고 그 안에서 타인에게 존중받고 싶은 '존중 욕구'를 바라. 이 욕구들을 이루면 '자아실현'의 중요성을 발견하게 되지.

자아실현을 사전에서 찾아보면, '자아의 본질을 완전히 실현하는 일'이라고 나와 있어. 그렇다면 자아의 본질은 뭘까? 그것은 이성과 관련이 있어. 인간이 인간답게 살기 위한 것이 무엇인지 이성으로 찾아내고 의지로 점검해서 그것을 실천하는 것이지. 사람마다 성격과 생각이 다르므로 자아 또한 다를 수밖에 없어. 아울러 각기 다른 자아는 원하는 것도 다르지. 하지만 자아가 바라는 건 같아. 살아 있음을 느끼고 만족하는 거야.

욕구와 욕심

욕구와 욕심의 차이를 알고 있어? 어떻게 보면 비슷하기는 한데, 이 또한 분명히 달라. 욕구는 인간이 '바라는 무엇'이야. 방금 말한 대로 신체적으로나 심리적으로 필요한 것들이고, 본능이나 후천적으로 배운 바에 따라 원하게 돼.

반면 욕심은 '바라는 무엇'을 얻었거나 이뤘음에도 만족하지 못하고 그보다 더 많이 바라는 거야. 예를 들어 배고픈 욕구는 충분히 먹기만 하면 사라져. 친구 중에 새 모이만큼 먹고 "배불러, 더는 못 먹겠어." 하는 애들이 있을 거야. 세숫대야만 한 그릇에 가득 퍼서 먹어도 양이 안 차는 친구들은 당최 이해가 되지 않겠지만, 분명 이런 사람이 있지. 이런 친구는 먹는 데 욕심이 없어. 반면에 충분히 배가 부른데도 먹거리가 눈에 띄기만 하면 더 먹겠다고 달려드는 애들이 있어. 다른 사람들보다 하나라도 더 먹겠다고 덤벼드는 하이에나 같은 친구도 마찬가지야. 사람들은 이럴 때 이렇게 말해, "너 식탐이 대단하구나."

다시 말해 욕심은 욕구를 넘어서는 마음이야. 이미 가지고 있는데도 무언가를 더 원하고 탐내는 마음이야. 너희의 위장을 생각해 봐. 물론 비어 있어. 욕구는 텅 빈 위를 채울 수 있기만 하면 돼. 적든 많든 채운다는 데 의미가 있어. 그래서 당장 배고파서 죽을 것 같아도 먹을 수 있다면 욕구는 해결되는 거야. 하지만 욕심은 위에 음식이 들어가서 배고픔이라는 불편함 또는 불만이 사라졌으면서도 더 채우려고 하는 마음이야.

욕구는 끝이 있어. 그 끝은 '만족'이야. 만족에 이르면 더는 그 욕구에 매달리게 되지 않아. 우리가 식욕을 해결하면 다른 욕구를 해결하려고 하지 계속 먹는 것에만 매달려 전전긍긍하지 않잖아. 배부르면 졸리고, 졸리면 눕고 싶고, 누우면 자고 싶듯 계속해서 다른 욕구를 해결하려 해. 물론 욕구는 일회성이 아니라서 우리가 살아 있는 한 각기 다른 욕구들이 신호를 보낼 때마다 그걸 해결해야 해.

하지만 욕심은 끝이 없어. 중도에 포기가 있을 뿐 절대 만족이란 게 없어. 염색체 이상으로 먹어도 늘 배고픈 프래더윌리증

후군에 걸리지 않는 한, 심각할 정도로 먹는 것에 집착하는 사람이 없어서 참 다행이야.

불안을 일으키는 욕구와 욕심

욕구와 욕심에 관해 설명하다가 왜 갑자기 프래더윌리증후군까지 이야기하는지 모르겠다고? 이야기가 삼천포로 빠져도 한참 빠졌다고? 좀 더 쉽게 설명하려고 하다 보니 그런 것뿐이지, 욕구와 욕심은 분명히 관련이 있어.

인간은 욕구를 채우지 못하면 불만이 생겨. 그 이유는 욕구가 인간을 행복하게 하는 아주 기본적인 것이기 때문이야. 만족과 불만 사이에서 정도의 차이만 있을 뿐, 욕구는 그 안에서 움직여. 불만족스러우면 만족을 향해 가면 되는 거고, 만족하면 그것으로 끝이야. 배 속에서 꼬르륵거리는 소리나 졸려서 저절로 나오는 하품 같은 신호가 올 때까지는 전혀 신경 쓰지 않아도 되는 거지.

아무리 해도 채워지지 않는 욕심은 고통을 불러와. 이 고통은 욕심을 채우지 못한 괴로움이나 욕심을 채우지 못할 것만 같은 불안 등의 여러 감정으로 뒤섞여 있어.

이제야 익숙한 단어가 등장했군. 맞아, 불안이야. 그러면 여기서 이제 욕심과 불안과의 관계는 알겠는데, 욕구는 또 뭘까 하는 궁금증이 생길 거야.

에피쿠로스의 세 가지 욕구 중 근거 없는 욕구나 비자연적인 욕구는 욕심에서 비롯된다고 할 수 있어. 불안을 일으키는 욕심 말이야. 비싼 외제 차가 아니어도 기차나 버스, 비행기 같은 대중교통을 이용할 수 있어. 고가의 명품이 아니어도 충분히 튼튼하고 멋진 가방은 얼마든지 있지. 다시 말해 꼭 필요한 게 아닌데도 원하는 거야. 구태여 하지 않아도, 가지려는 대상이 없어도 사는 데 아무 지장이 없어. 그렇다고 불행한 것도 아니야. 쾌락을 얻지 못할 이유 또한 없지.

물론 두 번째 욕구인 성욕 같은 경우도 에피쿠로스는 필요 없다고 했어. 하지만 인류의 종족을 유지하려는 아주 자연적인 데서 비롯되기도 하므로 욕심과는 달라.

반면, 근거 없는 욕구나 비자연적인 욕구를 채우지 못하면 마음이 힘들어. 우연히 길을 가다 발견한 명품 브랜드의 신상

패딩 때문에 밤에 잠도 안 오고, 혹시라도 나보다 친구가 먼저 그 옷을 살까 봐 전전긍긍하게 되는 경우도 있지. 그 옷을 입은 친구들이 자신을 무시할까 봐 미리 자존심 걱정부터 하고 말이야.

남의 시선을 의식하게 만드는 건 불안이고, 이성적인 사람으로 인정받고 싶은 욕구가 불안을 끌어당겨. 이렇게 간단하게 말하면 될 걸 가지고 왜 그렇게 길게 말했느냐고 불평하지 말기. 너무 쉽게 말해 주면 사람은 금방 잊어. 특별히 사려 깊은 사람이 아니라면 흘려듣기 마련이니까.

수학 문제를 풀 때 푸는 과정도 중요하다고 하잖아. 삶의 문제도 과정이 중요해. 답을 알더라도 과정을 생략하면 그 답을 향해 나아갈 수 없어. 엉킨 실타래의 시작과 끝을 찾았다고 해서 손으로 그 끝을 잡고 있는 것만으로는 엉킨 것을 풀 수 없듯이 과정을 무시하면 절대 해결되지 않아.

불안이 언제 생기고 사라지는지 알았으니, 이제는 불안을 일으키는 욕심에 대해 자세히 알아보자. 불안의 원인을 알고 나면 너무나도 시시해서 오히려 불안하지 않을 수도 있어.

제2장
당연한 사실 둘, 역시나 인간이라서

어떤 사람은 자신을 스스로 이성적이라고 생각하고 만족해. 또 어떤 사람은 자신을 포함한 다른 많은 사람이 인정해 주기를 바라. 다른 사람에게 인정받지 못한다고 해서 사는 데 큰 문제가 없는데도 말이야. 바로 이 지점에서 욕심이 이미 자리하고 있다는 사실을 알 수 있어.

욕심은 만족을 모르기 때문에 불안과 함께 짝을 이루며 사람을 괴롭혀. 욕심은 불안을 부추기고, 불안은 욕심을 부추기지. 욕심은 그야말로 '욕심쟁이'야. 욕심은 불안을 이끌어서 다른 감정은 막아 버리고 욕심 자체에 몰두하게 만들어. 마음이 눈을 가려 버리는 거야. 그래서 있는 그대로 상황을 보지 못하고 오해하거나 배배 꼬아서 보게 돼.

심리학적으로 불안을 일으키는 감정은 다양해. 이 분야는 사람의 심리를 낱낱이 해부하기보다는 왜 불편한 감정이 생겼고, 그것 때문에 남의 시선을 의식하는지 이해하도록 돕는 거니까 쉽게 '욕심'이라고 말할게. 물론 욕심이 남의 시선을 의식하는 이유의 전부는 아니야. 우리는 만족하지 못하는 데서 오는 불안의 감정을 이야기하고 있으니까 욕심이라 해도 크게 다르지 않은 거야.

단, 이 점을 기억해 두기를 바라. 욕심이 없는 사람은 없어. 욕심을 부린다고 누군가를 또는 자신을 혐오하지는 마. 그런다고 욕심이 사라지는 것도 아니니까. 마음은 마음대로 할 뿐이라고 했잖아. 다행히 욕심은 의지로 다스릴 수 있어. 그러려면 내 마음을 잘 알아야 해. 그리고 어떤 이유로 그런 마음이 생겼는지 알면 돼. 남을 의식하는 건 내 마음 때문이니까 말이야.

실수하거나 실패하고 싶지 않아

사람은 누구나 최고가 되려는 욕구를 지니고 있고, 그 욕구를 위해 최선의 노력을 다하지. 그러나 실패하면 우울증과 부정적인 감정을 느끼게 돼.

친한 친구가 성적이 올랐거나 교내외 대회에서 상을 탔을 때 친구를 진심으로 축하해 줬어. 그런데 자신은 번번이 성적이 오르지 않아 실망했었다는 사실이 떠올라서 별안간 우울해질 수 있지.

인간에게는 좌절 반응이라는 성향이 있어. 좌절 반응은 동물에게도 나타나는데, 서열 다툼에서 흔히 볼 수 있어. 이때 싸움에서 진 동물은 풀 죽은 채 삶의 의욕을 잃고 좌절한 듯한 모습을 보여. 이는 그 동물이 자신감을 잃었고, 더는 서열에 신경 쓰지 않고 싸움도 걸지 않을 것이라는 신호야.

인간도 실패하거나 좌절했을 때 수치심을 느끼고 우울증에 빠져. 실패 직전까지 느꼈던 열정, 에너지, 자신감이 순식간에 사라지지. 심지어 자신이 쓸모없는 존재라는 생각마저 하게 돼. 이것이 바로 수치심이야.

자신이 겪은 경험으로 스스로의 가치를 평가하게 되는데, 이런 걸 '자의식'이라고 해. 스스로를 자랑스럽게 여기는 사람은 자부심을 느끼고, 반대로 그렇지 못한 사람은 수치심이나 불안, 우울, 죄책감 등을 느낄 거야.

자부심을 느낀다고 해서 좋은 것만은 아니야. 자부심은 지나치면 자만이 돼. 자신의 가치를 지나치게 평가하면 자만에 빠지기 쉬워. 자만한 상태에서 실패하면 깊은 우울과 수치심을 느낄 수 있어. 이와 반대로 죄책감은 실수를 바로잡을 기회를 스스로 찾도록 만들어 줘. 짧고 약한 수치심은 우리가 정신을 차리고 올바른 길을 가도록 이끌어 주지.

'실수하지 않을까', '실패하지 않을까' 하는 불안은 부모님이나 선생님, 친구가 나를 비판하게 될 일을 염두에 둔 걱정이야. 자신이 관찰당하거나 평가당하고 있다고 여기게 되는 거지. 넘치던 자부심은 온데간데없이 사라지고 소심함으로 둘러싸여서 남이 자신을 어떻게 생각할까 하고 남의 시선을 의식하게 되는 거야.

줄 세우기

어릴 적에 누구나 한 번쯤은 이런 질문을 받아본 적이 있을 거야. "엄마가 좋아, 아빠가 좋아?" 부모라고는 오로지 엄마랑 아빠뿐인데 사람들은 그중에서 누가 더 좋은지 순위를 매겨 보려고 해. 학교에서는 성적으로 순위를 매기고, 친구들끼리 인기투표를 하고, 각자 좋아하는 음식이나 물건에도 순위를 매겨. "내가 가장 좋아하는 건 피자이고 그다음은 햄버거."라는 식으로 말이야.

텔레비전도 예외는 아니야. 각종 프로그램에서 해당 주제에 맞는 몇 가지를 골라놓고 순서를 매겨. 그러고는 유용한 정보를 전달하는 척하며 하나씩 감질나게 알려 줘. 가장 마지막에

남은 것을 알려 줄 때는 그것이 아주 엄청난 사실이라는 듯 호들갑을 떨지. 그런 내용은 새로운 게 아니야. 이미 세상에 다 알려진 것들이야. 인터넷만 검색해도 알 수 있지.

이렇듯 사람들은 별것 아닌 것에도 순위 매기기를 좋아해. 이 방법이 자신이나 타인의 가치를 판단하는 데 가장 쉬울 수도 있지. 아무튼 우리가 최고가 되기 위해 기울이는 노력도 이러한 줄 세우기에서 가장 앞에 서거나 적어도 위쪽에 있기를 바라서야. 그러면 남들이 내 가치를 높이 여길 거라고 믿기 때문이지.

스스로 만족한다면 남들이 나를 어떻게 생각하든 상관하지 않을 텐데 말이야. 결론은 남의 시선을 의식하는 건 결국 나를 좋게 봐주기를 바라는 마음에서 비롯된다는 거야.

불안을 잠재우려는 눈물겨운 시도들

실수나 실패, 가치 평가에 대한 불안은 비이성을 깨워. 곧, 무의식적으로 자신을 속이거나 상황을 다르게 해석해서 스스로를 보호하려고 하는 거야. 심리학에서는 이를 '방어 기제'라고 하는데, 크게 여섯 가지가 있어. 시험 기간에 친구들로부터 전해 듣거나 너희가 친구들에게 하는 말들을 예로 들어볼게. 이 예들을 다 읽고 나면 모든 언어 행위가 남의 시선을 의식해서 하는 말이라는 사실을 알게 될 거야.

최소화하기

시험 성적이 낮을 것을 우려해서 "몸이 안 좋아서 어제 일찍

잤어", "잠을 하나도 못 자서 내 정신이 아니야", "대충 훑어보기만 했어."라고 말하며 자신의 노력을 최소화하는 친구들이 있어. "나는 ○○ 과목에 약해."라는 말로 엄살을 떨기도 하지. 예상과 달리 성적이 낮게 나왔다 해도 크게 노력하지 않았으므로 아무렇지도 않다거나 상처받지 않을 거라고 미리 말해 두는 거야.

외부 요인 탓하기

"집에 손님이 와서 시끄러운 탓에 공부할 수가 없었어", "감기 때문에 망쳤어."라는 식으로 다른 사람이나 어떤 일을 탓하기도 해. 자신의 수치심을 어물어물 덮어 버리기 위해 다른 곳으로 탓을 돌리고 자신은 무가치한 존재가 아니라며 스스로를 어설프게 도우려 하지.

경쟁에서 빠지기

우리는 순위를 매기는 행위 자체를 두려워해. 순위를 매긴다는 건 꼴찌가 될 가능성이 있다는 뜻이고, 자신이 기대하는 순위에 들지 못하면 실망할 거라는 걸 잘 알기 때문이지.

"행복은 성적순이 아니잖아. 난 등수에 신경 안 써", "순위에 신경 안 써. 내가 열심히 하면 되는 거지."라고 말하는 사람들은 경쟁이 싫은 게 아니라 두려워서 경쟁을 피하는 거야. 다른 사람에게 순위 싸움에 도전하지 않는다는 걸 보여 주지 않으면 다른 사람들이 자신을 좋아하지 않을 거라고 여기거든. 이런 사람들은 스스로 자신의 가치를 낮게 평가하는 경향이 있어.

과도하게 성취하기

평소에는 자신이 쓸모없는 존재라고 생각하다가도 누군가에게 칭찬을 받으면 그런 부정적인 느낌이 단번에 사라지는 경험을 한 사람들은 "다음엔 시험을 잘 봐서 전교 석차를 왕창 올리겠어."라며 과도하게 성취를 이루려고 해. 스스로 가치를 증명하면 다른 사람들이 자신을 사랑해 줄 거라고 여기는 거야. 이 경우는 성취감이 일시적이라는 데 문제가 있어. 무언가를 잘할 때만 자신이 가치가 있다고 여기기 때문에 항상 불안해할 수밖에 없지.

부풀리기

"나같이 창의성이 뛰어난 사람은 불리해. 시험으로 창의성을 어떻게 평가할 수 있겠어?", "우리나라 교육 시스템은 나하고 안 맞아."같이 자신을 실제보다 지나치게 높이 평가하고 그대로 믿어 버리는 사람들이 있어.

자신을 자랑스럽게 여기는 데서 나오는 자신감을 이런 식으로 표현할 수는 있어. 시험의 긴장을 풀고자 웃자고 하는 소리일 수도 있지. 그러나 많은 경우에 사람들은 자신의 가치를 낮게 평가할까 봐 자신이 잘났다고 떠벌림으로써 본 모습을 감추려고 해. 자신을 돋보이게 하려면 저평가할 비교 대상이 있어야 하는데, 그게 친한 친구가 되지 않도록 그리고 소문나지 않도록 조심해야 할 거야. 비교 대상이 된 사람은 잘난 척하는 사람이 자신을 깎아내렸다고 생각할 테니까 말이야.

투사하기

"걔는 공부를 안 한 척하더니 성적에 엄청 신경 쓰더라."라는 말처럼 스스로를 쓸모없는 존재라고 느끼게 만드는 특징들을 다른 사람에게서 찾아내는 경우를 말해. 남 이야기하듯이 하지만, 실상은 그 누구보다도 성적과 등수에 연연하는 자신을 수치스럽게 여기는 거야.

다른 친구들은 상관하지 않는데 자신만 부정적으로 본다든가, 어떤 사람이 이기적이라고 생각하지만 딱히 그 이유를 말하지 못한다든가, 자신은 전혀 그렇지 않은데 상대방에게만 악의가 있다고 생각한다면 자신의 수치심을 남의 것인 듯 돌려놓고는 그런 사람이 아닌 척할 확률이 높아.

방어 기제로 한 말들은 어떤 효과가 있을까? 이런 말을 하는 사람을 질투하거나 경쟁의 대상으로 삼은 친구를 자극할 수는 있겠지. 하지만 자신에게는 아무 도움이 안 돼. 남의 시선을 의식하고 있으며 자존감이 낮다는 사실만 보여 줄 뿐이야. 마음엔 괜한 찜찜함만 남고 말이야.

콤플렉스

열등감은 자신이 남보다 못하거나 부족하다는 생각에서 오는 느낌이야. 여기서 확장된 것이 열등 콤플렉스인데, 열등감과 콤플렉스를 같은 것으로 여기곤 하지. 하지만 열등감과 콤플렉스는 달라.

콤플렉스는 정신 분석학에서 쓰이는데, 스위스의 심리학자로 유명한 융은 콤플렉스를 '잠재된 감정의 복합체'라고 했어. 예를 들어 어렸을 때 큰 병에 걸렸던 사람이 죽을 고비를 넘긴 뒤 잘 살아가고 있더라도 당시의 경험이 그 사람을 불안하게 만들 수 있어.

콤플렉스는 대개 트라우마에서 비롯돼. 트라우마는 그리스

어로 '상처'를 뜻해. 몸과 마음 그 어느 쪽이든 다치고 충격받은 것을 말하지. 마치 끔찍한 재앙을 입은 듯 도저히 어찌해 볼 도리가 없는 경우로서 심한 장애를 얻은 상태야. 정신적인 충격이나 큰 사고로 힘들었던 상황이 트라우마가 되는 거지. 트라우마는 예전에 겪었던 일을 다시 현재로 불러내 우리의 생각과 감정, 행동에 영향을 끼쳐. 하지만 트라우마는 절대 모습을 드러내지 않기 때문에 왜 콤플렉스를 갖게 됐는지 보통 사람들은 짐작할 수 없어.

나이와 경험에 상관없이 사람은 누구나 힘든 시기를 겪기 때문에 콤플렉스를 가질 수 있어. 그러나 누군가는 아팠던 기억에서 벗어나 현재를 즐기며 살고, 누군가는 아픈 과거에 얽매여 고통을 안고 힘들게 살아.

파에톤 콤플렉스

모든 콤플렉스가 남의 시선을 의식하게 만드는 건 아니야. 그 중에서 자신에게 문제가 있다고 여기는 불안과 태어났다는 사실 자체에 죄책감을 느끼는 사람들이 가지는 콤플렉스가 있어. 그것을 '파에톤 콤플렉스'라고 해.

파에톤은 그리스 신화에서 태양신 헬리오스와 바다의 님프 클리메네 사이에서 태어난 아들이라고 해. 파에톤은 아버지와 떨어져 자랐는데, 하루는 에파포스가 자신이 제우스의 아들임을 자랑했어. 그러자 파에톤은 자신이 태양신 헬리오스의 아들이라고 했지. 에파포스는 그 말을 믿지 않고 파에톤을 허풍쟁이라고 놀렸어.

잔뜩 풀이 죽은 아들을 본 어머니는 파에톤을 아버지에게 보냈고, 아버지 헬리오스는 파에톤의 마음을 달래주고자 무슨 소원이든 한 가지 들어주겠다고 했어. 자신이 신의 아들임을 알리고 싶었던 파에톤은 아버지의 태양 마차를 몰게 해달라고 했어. 헬리오스조차도 까다롭게 여기는 태양 마차를 모는 건 파에톤에게 만만치 않은 일이었어. 결국 태양 마차는 궤도를 벗어났고, 강과 바다 그리고 산과 마을 등 땅 위의 모든 것을 불태워버렸어. 제우스는 이런 상황을 해결하기 위해 벼락을 내렸고, 파에톤은 그 벼락을 맞고 죽었어.

인간은 누구나 가치 있는 존재가 되고 싶은 욕구가 있어. 다른 사람들로부터 관심을 받고 싶고, 더 나아가 자신이 괜찮은 사람, 훌륭한 사람이라고 인정받으려 해.

하지만 어린 시절에 부모로부터 충분한 사랑과 인정을 받지 못하면 자신감이 사라지고 불안해하게 돼. 그리고 스스로를 쓸모없는 존재로 여기게 되지. 이런 불편한 마음에서 벗어나기 위해 지나치게 다른 사람의 인정을 받고자 하는 거야.

파에톤 콤플렉스를 가진 사람들은 다른 사람이 나에게 보내는 시선과 말에 매우 예민하게 반응해. 사람들에게 인정받으려면 다른 이들을 전부 앞질러야 하고 혼자서 해내야 인정받는다고 믿기 때문에 모든 것을 소유하고 보고 들어야 한다는 생각을 지니게 되는 거지.

이런 생각은 학교 폭력의 원인이 되기도 해. 교실에서 모든 아이가 선생님의 인정을 받지 못한다는 건 너희가 더 잘 알 거야. 뛰어난 몇 명만 칭찬받고 나면 나머지는 소외되게 마련이지. 그런 아이 중 일부는 자기가 가진 힘으로 다른 학생들을 누르고 우월감을 느끼려고 해. 하지만 그것에 만족하지 않아. 폭력으로 우월감을 느낀 아이는 누구든 자신에게 도전하지 않도록 공포 분위기를 조성해. 그러는 사이 누군가는 애꿎은 희생양이 되고 말지.

폴로니오스 콤플렉스

폴로니오스는 셰익스피어의 《햄릿》에 등장하는 인물이야. 주인공은 아니고, 복수에 눈이 먼 햄릿에 의해 억울하게 죽음을 맞아. 햄릿의 연인인 오필리아의 아버지이기도 한 폴로니오스는 허풍쟁이에 자신의 의견을 말하지 못하고 상대의 말만 따라 하는 줏대 없는 사람이야.

폴로니오스 콤플렉스는 남들과 잘 지내지만 자기 의견을 내놓기를 꺼리면서 다른 사람들의 의견을 따르는 게 낫다고 여기는 것을 말해. 흔히 음악을 다운로드할 때, 자신의 취향을 고려한 것 같지만 인기 차트의 상위권 음악을 선택하는 경우가 많아. 많은 사람이 선택한 것을 고르면 자신에게 좋다고 여기는 거지. 책을 사든 영화를 보든 물건을 사든 사람들이 좋다고 하고 많이 사는 것을 고르는 거야.

이런 경향은 누구에게나 있어. 하지만 다른 사람들에게 판단의 대상이 되거나 창피당하는 일을 극도로 두려워해서 남의 시선을 의식하게 되면 자기 의견을 말하는 것이 힘들어져. 사람들 앞에 서면 얼굴이 붉어지고 식은땀이 나며 덜덜 떨게 되지. 사람들과 함께 있는 것이 힘들어지면 사람이 많이 모일 것 같은 장소에 가지도 않게 돼.

폴로니오스 콤플렉스가 심해지면 친구를 사귀고 유지하는데 어려움을 겪어. 또 잘못된 행동을 할 수도 있어. 친구가 왕따를 당해도 외면하거나 오히려 그 상황의 가해자가 될 수도 있어. 반대로 누군가의 표적이 되어 고통을 당할 수도 있지.

사람들은 이따금 겸손을 내세워 자신을 포장하곤 해. 하지만 나설 때와 나서지 않을 때를 가리는 것과 주관이 없는 것은 달라. 남들이 말하는 대로 따라가다 보면 자신감도 자존감도 잃게 돼. 스스로 괜찮은 사람이라고 느끼고 싶다면, 남의 시선을 의식하는 일을 멈추고 자기주장을 하는 연습을 하도록 하자.

열등감

열등감은 자신이 남보다 못하거나 부족하다는 생각에서 오는 느낌이야. 열등감은 신체적인 것과 정신적인 것, 사회적인 것이 있어. 신체적인 것으로는 절름발이, 말더듬이, 얼굴의 상처 등을 들 수 있어. 정신적인 것은 공부나 운동을 하지 못한다, 못생겼다 등 사람들의 평가와 관련이 있어. 사회적인 것으로는 학력이나 인종, 신분에 의한 차별, 생활 수준, 왼손잡이 등을 들 수 있지.

열등감은 남과 나를 비교하면서부터 자연스럽게 만들어지는 거야. 미국의 프랭클린 루스벨트 대통령의 부인이자 여성 인권 운동가였던 엘리너 루스벨트는 이렇게 말했어.

"열등감은 스스로 인정하지 않는 한 절대로 생기지 않는다."

열등감이 있는 사람은 남들과 비교해서 자신의 부족한 점을 강하게 느끼기 때문에 자신감을 완전히 잃어버려. 그리고 자존심이 상해서는 스스로를 완전히 못난이 취급하지. 반면에 열등 콤플렉스가 있는 사람은 불안을 일으키는 감정을 무의식의 세계에 숨겨두고 자신은 능히 해낼 수 있다며 잘난 척을 해. 따라서 열등감과 콤플렉스 그리고 열등 콤플렉스는 얼핏 비슷해 보여도 각기 다른 차이가 있어.

열등감을 가진 사람은 자신의 단점이나 약점이 드러날 상황에 처하게 되면 불안과 공포를 느껴. 예를 들어 얼굴의 상처 때문에 열등감을 느끼는 사람은 남의 시선을 의식해서 고개를 숙이고 다니거나 눈에 띄지 않게 발걸음이 저절로 구석으로 향하지. 이런 모습들 때문에 소극적이고 주저주저하며 겸손하고 내성적인 성격일 것 같지만, 의외로 공격적인 사람들도 많아. 퇴직한 가장이 아내와 딸이 자신을 무시하는 듯해서, 여자 친구가 자신을 무시하는 말을 해서 살인을 저질렀다는 사람이나 친구가 깔보고 함부로 대한다는 이유로 흉기를 휘두르고 무차별 폭력을 일삼는 사례들은 모두 열등감과 관련이 있어.

다행인 점은 적절한 열등감은 자신을 뛰어나게 만들도록 노력하게 한다는 거야. 또 열등감에는 보상 작용이라는 게 있어.

지나가던 할머니의 짐을 들어 주거나 도로에 떨어진 쓰레기를 줍고, 누군가의 핸드폰을 찾아 주는 등의 선행을 베푸는 일을 하면 자신이 도움이 되는 존재라는 것을 깨달아 자존감을 높일 수 있어.

완벽주의

부모님의 기대를 한 몸에 받으며 자랐고, 부모님의 학벌과 직업이 좋을 뿐만 아니라 돈도 잘 벌며 경쟁심까지 갖추고 있다면 그 사람은 완벽주의자일 확률이 높아. 부모님보다 잘하고 싶으면서도 만일 잘해 내지 못하면 부모님이 싫어하겠지 하는 생각에 대단한 성과를 이루고서도 계속 의심하면서 별로 중요하지 않은 일이라고 여기게 되지.

완벽주의는 무슨 일을 하든지 항상 완벽하게 해내려는 정신 상태를 말해. 그런데 과연 세상에 완벽이란 게 있을까? 사람마다 그 기준이 다르기에 누군가의 눈에는 완벽해 보이지만, 다른 누군가는 그렇지 않다고 볼 수 있어.

완벽주의자들의 대다수는 빠른 두뇌 회전과 훌륭한 판단력, 뛰어난 역량을 갖추고서도 자신이 남들보다 못하다고 여겨. 다른 사람들은 그들을 뛰어난 인재로 여기는데도 스스로 자신의 능력이나 가치를 깎아내리면서 들들 볶아.

그리고 툭하면 남의 시선을 의식해. 자신이 만족하지 못한 만큼 남들이 나쁘게 평가할까 봐 걱정하기 때문이지. 완벽을 추구하는 이유가 남들이 자신을 대단하게 보고 계속 관심을 보여 주기를 바라는 데 있거든. 또 성공을 거두면 실력이 아닌 운이 따랐다고 여겨. 그리고 사람들도 다 그렇게 생각할 거라고 여기고 남을 의식하는 거야.

완벽주의 성향이 높은 사람들은 실현하기 어려운 목표를 세우고 달성하려 해. 하지만 성공이 어려운 만큼 불안할 수밖에 없어서 본인을 비난하는 등 스스로를 부정적으로 평가하다가 열등감에 빠지고 말아.

자존감이 안정된 사람

우리는 남에게 사랑을 받고 받아들여지고 칭찬받고 부러움의 대상이 되고 싶어 해. 하지만 사람들로부터 비판을 받고 거절을 당하고 따돌림을 당하거나 버림받기도 하지. 인간의 삶은 동전의 앞뒷면처럼 좋은 게 있으면 나쁜 것도 있어. 내가 바라는 것이 이루어지면 좋고, 그것을 거부당하면 기분이 나빠.

자존감이 안정된 사람은 거부당하면 그 순간에는 불쾌한 기분에 휩싸이기는 해도 마음이 상하지는 않아. 상대가 부정적으로 한 이야기를 예민하게 받아들이지도 않고, 그것을 자신과 결부시키지도 않기 때문이야.

반면, 상처를 잘 받는 사람들은 자존감이 쉽게 흔들리는 편이야. 모욕감을 잘 느끼고 작은 일에도 꼬투리를 찾아내 괴로워하며 금세 자기 내면으로 들어가 버리지. 자신이 무가치하다는 느낌에 괴로움을 겪곤 해. 곧, 마음이 상한 거야. 이때는 무력감과 분노, 경멸, 실망, 고집 같은 반응을 보이게 돼.

그러나 그런 반응을 일으키는 원인이 고통과 불안, 수치심 같은 감정이라는 사실은 잘 몰라. 자신의 기분을 잘 모르니 어떻게 표현해야 할지도 모르지. 자신의 어정쩡한 태도에 상대방이 답답함을 느끼는 일이 반복되다 보면, 자신을 퉁명스럽게 대하는 사람들을 많이 보게 돼. 그런 상황을 피하려다 보니 남의 시선을 의식하게 되는 거야.

그렇다면 자존감이란 뭘까? 한마디로 자신을 존중하고 사랑하는 마음이야. 자신을 사랑하는 마음이라는 말에 그리스 신화에 나오는 나르키소스를 떠올리는 사람들이 있을 거야. 물에 비친 자신의 모습에 반해서 물에 빠져 죽은 나르키소스 말이야. 이 이야기에서 이름을 딴 나르시시즘을 자기애라고 하는데, 자기애와 자존감은 달라.

나르키소스는 동성과 이성을 가리지 않고 숱한 사람들에게 구애를 받았어. 심지어 요정도 그를 사랑했지. 하지만 나르키소스는 그 누구의 사랑도 허락하지 않을 만큼 자존심이 강했어. 아메이니아스의 끈질긴 구애가 지겨워진 나르키소스는 하인을 시켜 칼을 선물했어. 알아서 죽으라는 의미였지. 선물에 담긴 비정한 의미에 충격을 받은 아메이니아스는 그 칼로 자살하면서 복수의 여신인 네메시스에게 나르키소스가 짝사랑의 고통을 알게 되길 빌었어.

"너 같은 것에 안기느니 차라리 죽는 게 낫다."라는 잔인한 말로 거절당한 숲의 요정 에코도 자신밖에 모르는 매정한 나르키소스에게 벌을 달라고 기도했어. 이에 네메시스는 나르키소스에게 자신을 짝사랑하는 벌을 내렸어. 이후에 나르키소스는 잘 알다시피 물에 비친 자신을 사랑하다 안타까운 죽음을 맞았지.

이렇듯 자기애가 넘치는 사람은 자신에 대해 큰 가치를 부여하기 때문에 남들에게 찬사를 받을 만한 자격이 있다고 여겨. 또 그런 자신에 비해 다른 사람은 시시하게 보이기 때문에 다른 사람의 마음이 다치든 말든 상관하지 않아.

자존감이 높은 사람은 남들도 자신과 똑같이 사랑받을 만한 가치가 있는 소중한 존재이고, 어떤 성과를 이루어낼 만한 유능한 사람이라고 여겨. 그러므로 다른 사람의 마음을 다치게 하지 않아.

내 마음 들여다보기

남의 시선을 의식하는 건, 불안을 감추기 위해 방어 기제를 사용하거나 콤플렉스가 있거나 열등감이 있거나 완벽주의 성향이 있거나 자존감이 낮은 사람들 말고도 또 있을 거야. 그러나 콤플렉스니 방어 기제니 자존감이니 하는 용어들로 규정했을 뿐 남의 시선을 의식하는 사람들은 자신의 가치를 스스로 낮춘다는 공통점이 있어. 그리고 그 시작은 불안이라는 감정이며, 불안과 더불어 비이성의 나를 불러내는 건 욕구를 넘어선 욕심이라는 거야.

인간이라면 누구나 다른 사람들로부터 인정받기를 원해. 독일의 철학자 헤겔은 사람들 사이에서 일어나는 모든 갈등은 인정받고자 하는 데서 일어난다고 했어. 남들에게 인정받아야 스스로 자신이 가치 있는 존재라고 받아들인다는 거야. 인정받으면 좋은데 갈등은 왜 일어난다고 하는 걸까? 남들보다 더 먼저, 더 많이 인정받으려고 하기 때문에 질투하고 미워하고 다투게 된다는 거야. 인정받기를 바라는 마음은 자연스러운 욕구지만, 남들과 비교해서 '더 먼저 더 많이' 원하는 마음은 욕심이야. 슬프게도 인정받고 싶은 마음에도 '적당히'라는 게 없어.

요즘 외국인들이 나오는 텔레비전 프로그램을 다룬 기사의 댓글을 보면 '국뽕'이라는 단어가 눈에 띄어. 국뽕은 국가의 '국' 자와 마약의 하나인 히로뽕의 '뽕' 자가 합쳐진 말로, 처음에는 아무런 근거 없이 한국의 역사를 우수하다고 미화하는 이들의 행태를 국뽕이라고 했어. 지금은 외국인들이 우리나라에 대해 좋게 말하는 것을 무조건 믿는 경향에 대해, 국가에 대한 자긍심에 과도하게 취하는 일을 경계하자는 취지에서 국뽕이라는 말을 많이 써.

이를테면 외국인들이 한국의 음식이 맛있다고 하고, 한국 사람들이 유독 친절하고 무조건 다 좋다고 하면 정말로 우리나라가 최고라고 믿는 거야. 그들 입에서 BTS(방탄소년단) 이름이라도 나오면, 정말로 우리나라의 위상이 대단히 높은 줄 아는 거지. 전 세계적으로 BTS 이름만 들어도 열광하는 사람들이 많기는 해도 여전히 우리는 중국과 미국, 일본, 러시아에 둘러싸여 눈치를 볼 뿐만 아니라, 국제 대회나 행사에서 이웃 나라 일본과 중국의 힘에 밀리곤 해.

우리는 이미 학교에서 우리나라가 유구하고도 훌륭한 역사를 가졌다는 것을 배웠어. 위인전들을 읽으면서 훌륭한 인물들에 대해서도 배웠지. 지난 100년간 일제 강점기와 한국 전쟁 같은 위기를 극복하고 세계 경제 11위, IMF가 선정한 세계 10대 선진국이 되었어. 그런데도 사람들은 우리나라는 다른 나라보다 국력이 약하다, 일본은 미국에 이어 세계 2위의 노벨상 수상자들을 배출했는데 우리는 한 명도 없다, OECD 국가 중 자살률 1위라니 나쁜 것만 1등 하는 나라라고 말하며 심지어 '헬조선'이라는 신조어까지 만들어 우리나라를 희망이 없는 나라로 여기고 있어. 그런데 텔레비전 프로그램에 등장한 서양인들이 "한국 최고"라고 하면 그제야 "우리나라가 작기는 해도 참 대단한 것 같아", "물가는 비싸도 참 살기 좋은 나라야."라고 말하곤 해.

우습게도 우리는 우리와 피부색이 같은 아시아 사람들이나 피부가 까만 동남아시아 출신의 이주 노동자들이 이런 말을 하면 별로 반응하지 않아. 일반적으로 한국보다 더 잘산다고 하는 몇몇 유럽 국가나 미국 사람이 하는 말에는 그것이 진실인

듯 믿고 싶어 해. 우리가 줄 세우기로 남과 비교해 자신의 가치가 높다 낮다를 판단하듯이 국가 간의 줄 세우기를 해서 우리나라의 가치를 판단하는 거야.

서구의 선진국 사람들이 우리나라를 조금이라도 치켜세우면 마치 우리나라가 UN에서 발간한 〈세계행복보고서〉에서 행복지수 1위인 북유럽의 복지국가 핀란드를 비롯해 10위권 안에 드는 덴마크, 노르웨이, 아이슬란드, 네덜란드, 스위스, 스웨덴, 뉴질랜드, 캐나다, 오스트리아와 어깨를 나란히 하는 줄 알아.

〈2019 세계행복보고서〉에서 우리나라는 전 세계 156개국 중 54위였어. 2018년에는 57위였지. 최근 5년간 한국은 50위권을 맴돌았어. 아시아 국가 중에서는 대만이 25위였고, 싱가포르는 34위였어. 심지어 태국도 우리보다 두 계단 높은 52위였지. 그런데도 우리는 동남아시아 국가들보다는 훨씬 앞서고 있다고 믿고는 그들 나라는 못산다고 여겨. 물론 경제적인 측면에서는 부족한 부분도 있지만 우리보다 행복하게 살고 있다는 점을 잊으면 안 돼. 잘사는 나라는 가까이 따라잡고 싶고, 우리보다 경제력이 낮은 동남아시아 국가들보다는 훨씬 앞서고 싶은 욕심이 우리를 착각하게 만든 거야.

욕심은 인간이라면 누구나 가지는 자연스러운 일이고, 어떤 일을 이루는 데 촉진제가 되기도 해. 그러나 사람들은 쓸데없는 욕심에 남의 시선을 의식하고, 욕심이 꼬드겨서 따라 나온 불안과 스스로 가치를 낮추는 생각들에 휘둘리곤 해.

남들이 나에 대해 하는 말이 '나'는 아니잖아. 100명이 나에 대해 말한다고 해서 그 말대로 다 따라 할 수 있을까? 너에게 잘 어울리는 음악을 연주하겠다고 100명이 서로 나선다면 누구의 장단에 춤을 춰야 할까?

나라는 사람은 다른 사람들과 구별되는 자아가 있고, 그 자아는 이성적으로 생각하고 판단해. 다른 사람들과 더불어 살면서 남의 의견에 영향을 받을 수밖에 없지만, 나는 남들과 구별되는 특별함이 있고 엄연히 다른 개인이라는 점을 기억해야 해. 남들에게 나의 가치를 증명할 필요도 없어. 굳이 애쓰지 않아도 스스로 만족하는 삶을 살면 가치는 저절로 증명되기 때문이야.

무엇보다 내 마음을 아는 게 중요해. 불안을 불러온 감정이 무엇인지 집중하면 나의 마음을 괴롭히는 원인을 찾을 수 있어. 모든 일에는 이유가 있듯이 답이 없는 문제는 없어. 우리가 이유를 모르는 건 알려고 하지 않았기 때문이고, 답을 모르는 건 문제를 자세히 들여다보지 않았기 때문이야. 내가 왜 남의 시선을 의식하는지 알고 싶다면 마음을 들여다봐. 남의 마음이 아닌 '내 마음'을.

참고 문헌

- 로버트 그린, 《인간 본성의 법칙》, 이지연 옮김, 위즈덤하우스, 2019.
- 캐티 케이, 클레어 시프먼, 《나는 왜 자꾸 눈치를 볼까? : 열네 살부터 시작하는 첫 자신감 수업》, 하연희 옮김, 리듬문고, 2019.
- 일레인 N. 아론, 《사랑받을 권리 : 상처 입은 나를 치유하는 심리학 프레임》, 고빛샘 옮김, 웅진지식하우스, 2010.
- 곽금주, 《마음에 박힌 못 하나》, 샘앤파커스, 2014.
- 배르벨 바르데츠키, 《따귀 맞은 영혼 : 마음의 상처에서 벗어나는 방법》, 장현숙 옮김, 궁리출판, 2002.
- 김대식, 《내 머릿속에선 무슨 일이 벌어지고 있을까 : 카이스트 김대식 교수의 말랑말랑 뇌과학》, 문학동네, 2014.
- www.youtube.com/watch?v=Q4G1OTtR63A 〈몸무게 0.5kg 메뚜기쥐 VS 맹독 전갈〉